Collection

dossier

1. Jean Vanier, **La Dépression**
2. Jean-François Six, **La Solitude**
3. Stan Rougier, **L'attente des jeunes**
4. Denis Sonet, **Le Mariage**
5. Guy Gilbert, **La Violence**
6. Denis Sonet, **L'art d'être parents et grands-parents**
7. Denis Sonet, **La Communication**
8. Jean Vanier, **Recherche la Paix**
9. Denis Sonet, **Le Pardon**

LA DEPRESSION POURQUOI ?

10190 Mesnil Saint-Loup (France)
ISBN 2-915614-04-0

JEAN VANIER

LA DÉPRESSION

Le Livre Ouvert

« J'étais plutôt d'une nature heureuse. Je riais beaucoup et j'aimais mon mari. Il m'aimait aussi, je crois. Après la naissance de notre deuxième enfant, je me suis sentie de plus en plus fatiguée. Maintenant, j'ai beaucoup de mal à travailler à la maison. Tout me semble une montagne. Et je suis de plus en plus irritable avec mon mari et mes enfants. J'ai même peur que mon mari ne m'aime plus. C'est comme si j'avais perdu toute ma joie de vivre. » (A.M.)

« Tout semblait aller bien dans mon travail. On m'appréciait. Mais il y a eu un changement de patron. Il était dur avec moi, méchant même. Je ne le supportais pas et c'est vrai que je me suis mis à travailler de moins en moins bien. Finalement, on m'a mis à la porte. Maintenant, je pleure tout le temps. J'ai du mal à quitter mon lit. J'ai l'impression que je ne peux rien faire de bon. J'ai perdu toute confiance en moi-même. Quand je me regarde dans la glace, je me trouve laid. Je suis sûr que je ne m'en sortirai jamais. » (P. T.)

La dépression

est une véritable maladie

qu'on ne peut soigner

tout seul...

Il faut de l'aide

pour en sortir.

La dépression : une vraie maladie ou une blessure du cœur ?

Le cœur humain est fragile et vulnérable. Lorsque nous sommes aimés comme une personne unique, lorsque l'on recherche notre compagnie, que l'on nous trouve beaux, drôles, intelligents ; lorsque nous avons un travail, des activités qui nous intéressent ou nous passionnent, la vie circule. Pleins d'énergie et de joie, nous avons l'impression d'exister.

Mais quand nous n'attirons plus les autres, quand il nous semble que personne ne s'intéresse à nous, quand nous avons l'impression d'être inutiles, mis de côté, abandonnés, notre cœur est blessé. Comme si un mal intérieur nous rongeait; comme un poids sur le cœur, une blessure, un trouble; plus de paix ni de joie ! Il ne reste qu'un vide, un grand vide, que nous cherchons à combler par l'alcool, la télévision ou l'hyperactivité. Nous nous sentons seuls; nous sombrons dans une sorte d'apathie, envahis par la tristesse.

Le cœur humain est très vite blessé. Quand nous nous sentons aimés ou admirés, tout est facile. Mais quand personne ne se soucie de nous, l'angoisse remplit nos cœurs.

Quand notre cœur est blessé,

nous perdons le goût

de toute activité

et rien ne semble

pouvoir nous aider.

Quelques exemples

- Un petit enfant peut, pendant un temps, attirer ses parents. Ils aiment jouer avec lui. Mais, bien vite, l'enfant grandit; physiquement, il évolue, il est peut-être moins attirant; il entre dans l'âge ingrat, devient gauche, maladroit; ou bien les parents sont moins disponibles, davantage préoccupés par leur travail; des conflits peuvent naître entre eux. L'enfant sent que ses parents ne s'intéressent plus autant à lui qu'auparavant. Son cœur est blessé. Il ne se sent plus regardé comme important, précieux, unique. S'il essaie d'attirer l'attention en faisant des bêtises, ses parents se fâchent et semblent le rejeter encore plus.

- Un jeune homme est attiré par une jeune fille. Elle répond positivement à ses regards et à ses gestes d'attention. Ils sortent ensemble. Ils s'entendent bien. Ils ont les mêmes goûts, les mêmes centres d'intérêt; ils aiment faire les mêmes choses ensemble. Ils commencent à s'aimer.

Puis, pour une raison qu'il ne comprend pas, la jeune fille semble s'éloigner. Elle trouve des excuses pour sortir de moins en moins avec lui. Un jour, dans la rue, il la voit avec un autre, riante, heureuse, pétillante de vie. Il comprend qu'elle ne l'aime plus ; elle en aime un autre.

Les blessures du cœur

sont hélas

normales et naturelles.

Son cœur est meurtri, terriblement blessé. C'était la première fois qu'il ouvrait son cœur à une femme, la première fois qu'il osait aimer. Il souffre et perd le goût de vivre. Alors, il se jette dans le travail, va souvent au cinéma, boit un peu plus pour chercher à oublier sa blessure.

- Durant ses fiançailles et au début de son mariage, une jeune femme se sentait très aimée par son mari. Il partait tôt du travail pour la retrouver. Ils sortaient ensemble. Son mari semblait si heureux en sa compagnie ! Elle était épanouie.

Puis, peu à peu, il s'est laissé prendre par ses activités. Il rentre de plus en plus tard à la maison. Il est fatigué et ne parle plus ni avec sa femme ni avec ses enfants. Il se "planque devant la télé". Sa femme réalise qu'il fait passer son travail avant elle. Elle a perdu le charme de sa jeunesse et a l'impression de ne plus être attirante, de ne plus pouvoir donner vie. Son cœur est blessé. Elle essaie de faire des choses, mais cela ne l'intéresse pas. Quand notre cœur est ainsi blessé, nous perdons le goût de toute activité et rien ne semble pouvoir nous aider.

- Un homme qui réussissait dans son travail se retrouve au chômage. Il cherche un

Quand nous nous sentons
aimés ou admirés,
tout est facile.

Mais quand personne
ne se soucie de nous,
l'angoisse remplit nos cœurs.

nouvel emploi. Mais les jours passent et toujours rien. Peu à peu, il perd confiance en lui, en ses capacités. A la maison, il s'occupe, mais il est envahi par un sentiment d'échec. Il ne peut se défaire de l'impression que personne ne veut de lui, qu'il est bon à rien. Il sombre dans un découragement et une tristesse profonde. Il n'y a plus de vie en lui.

N'est-ce pas le même vide, mais plus profond, quand une femme perd son mari dans un accident ? Ils étaient unis dans l'amour et dans la vie. Tout d'un coup il disparaît; le cœur de la femme est brisé. Elle semble ne plus vivre. Elle ne vit pas seulement la mort de son mari mais elle expérimente aussi sa propre mort intérieure.

Quand une activité ou une personne remplit notre vie, nous dynamise, nous donne le goût de vivre, leur disparition nous plonge dans un vide. Nous vivons une forme de mort intérieure. La vie ne coule plus. Nous vivons un deuil, une forme de tristesse qui envahit tout notre être et ressemble à la dépression. Ces souffrances n'ont rien de maladif. Elles sont naturelles et normales.

Une personne blessée par la vie a besoin de temps pour retrouver peu à peu d'autres raisons de vivre. Avec de l'aide, celui qui a

Pour sortir d'une situation de deuil
et commencer à revivre,

la personne meurtrie par la vie
n'a pas d'abord besoin
de thérapeutes
mais d'amis qui s'engagent
à marcher avec elle.

perdu son travail pourra peut-être trouver une autre activité intéressante. Avec le temps, le jeune homme pourra trouver une autre fille. La femme blessée par le manque d'amour de son mari, pourra découvrir une vie spirituelle, des amis ou des activités qui l'aident à sortir de la paralysie de la tristesse. Le danger est que la personne refuse de se faire aider et s'enferme dans la tristesse, s'identifiant à une victime et affirmant que rien ne peut la consoler.

Pour sortir d'une situation de deuil et commencer à revivre, la personne meurtrie par la vie n'a pas d'abord besoin de thérapeutes mais d'amis qui s'engagent à marcher avec elle. Ces amis ne peuvent ni ne doivent empêcher le deuil, mais l'accepter avec elle. Le deuil a son rythme propre. Il demande du temps. Il ne faut pas essayer de le faire disparaître par des stimulations plus ou moins artificielles. La personne doit parfois pleurer, hurler, crier sa colère et sa révolte pour se libérer peu à peu de la souffrance et retrouver la vie.

Mais il y a des tristesses plus profondes. Elles se révèlent à l'occasion d'une frustration, d'une blessure affective, d'un deuil, d'un échec, de tensions, de conflits plus ou moins supportables. La personne est alors envahie par une tristesse et un sentiment de mort qui jaillissent du plus profond d'elle-même. La vie ne circule plus.

Il faut parfois pleurer,

hurler, crier sa colère

et sa révolte

pour se libérer peu à peu

de la souffrance

et retrouver la vie.

Toutes ses énergies sont sapées ; elle n'a plus goût à rien ! Au début ce manque d'énergie ressemble aux deuils que nous avons décrits, mais la profondeur de la souffrance et de la tristesse est comme disproportionnée par rapport à l'événement qui en est la cause. Puis, à la différence de ce qui se passe dans des deuils, la tristesse ne s'estompe pas avec le temps ni avec de nouvelles activités. Au contraire, la paralysie intérieure semble augmenter. La personne a l'impression d'être emprisonnée dans un monde de ténèbres, isolée des autres. La dépression est une véritable maladie qu'on ne peut soigner tout seul. Il faut de l'aide pour en sortir.

Pour comprendre la dépression

La dépression, cette force douloureuse et ténébreuse qui nous envahit au plus profond de notre être et semble se répandre à travers tout notre corps, a son origine dans les blessures de notre petite enfance. Ce sont des souffrances très anciennes que nous avons repoussées dans notre inconscient et qui resurgissent à un moment donné à la conscience. Nous sommes alors envahis et paralysés par ces sentiments de tristesse, de culpabilité et de

La dépression est le
résultat

de toutes ces tristesses
cachées,

de ces ténèbres,

de ces sentiments de
culpabilité...

confusion qui ont été enregistrés dans notre psychisme quand nous étions petits et que nous n'avons jamais pu nommer. Ces sentiments de tristesse et de mal-être nous ôtent tout goût à la vie jusqu'à nous donner envie de disparaître, de mourir. Essayons de comprendre l'origine de ce monde de ténèbres caché en nous.

Le bébé qui vient de naître est si petit, fragile et vulnérable. S'il se sent seul, s'il souffre s'il a besoin de quelques chose, il ne peut rien faire. Il ne peut qu'appeler au secours ou refuser communication et nourriture.

Cette fragilité, cette faiblesse de l'enfant font sa beauté. Pour vivre, il a besoin d'être protégé, nourri, aimé, par sa mère et son père. S'il se sent aimé, il est en sécurité et en paix, il sourit, ses yeux et tout son corps pétillent de joie ; à l'amour de ses parents, il répond par la confiance.

Mais que se passe-t-il lorsque l'enfant ne se sent pas voulu, aimé ou apprécié? Si sa mère est tout le temps absente ou a l'esprit ailleurs, si elle est fatiguée, déprimée, trop occupée ou préoccupée pour répondre à ses cris; ou si elle répond avec agressivité et colère ? Si elle cherche à posséder l'enfant, à le garder pour elle-même, pour combler

Aimer quelqu'un,

c'est lui révéler

sa beauté,

sa valeur,

son importance.

ses propres angoisses et son vide intérieur ? Si l'enfant sent des conflits autour de lui, s'il assiste à des scènes de violence ? Il a peur, terriblement peur : il se sent seul et, de ce fait, angoissé. Ne se sentant ni aimé ni respecté pour lui-même, il pense qu'il est mauvais. C'est pour cela, croit-il, qu'on le contrôle jusqu'à l'étouffer, qu'on l'écarte, que l'on ne veut pas de lui ou, au contraire, qu'on est agressif à son égard. Il imagine des choses terribles. Il pense que c'est lui le fautif, la source de tout ce mal. Ainsi se développent en lui une image négative de lui-même et des sentiments de culpabilité.

Certains pensent qu'un enfant ne sent rien, qu'il ne souffre pas de toutes les ambiguïtés et contradictions dans lesquelles vivent les adultes autour de lui. Ce n'est pas vrai. L'enfant a un cœur extrêmement vulnérable. Il a besoin de la vérité, il ne peut supporter les injustices, ni les mensonges. Il éprouve un besoin vital d'amour, de tendresse et d'encouragements de la part de ses parents.

Aimer quelqu'un, ce n'est pas simplement faire des choses pour lui, c'est bien plus profond. Aimer quelqu'un, c'est lui révéler sa beauté, sa valeur, son importance ; c'est le comprendre, comprendre ses cris et son langage non verbal ; c'est se

La dépression,

cette force douloureuse et ténébreuse

qui nous envahit au plus profond de notre être

et semble se répandre à travers tout notre corps,

a son origine dans les blessures de notre petite enfance.

réjouir de sa présence, passer du temps en sa compagnie et communiquer avec lui. Aimer, c'est être en communion avec l'autre, dans cette réciprocité de don et d'accueil.

L'enfant souffre terriblement lorsque sa soif de communion reste sans réponse ou lorsque la communion est brisée sans explication ; lorsque l'on refuse de l'écouter et de comprendre ses besoins ; lorsque l'on brime ses désirs et ses intuitions, plus encore lorsqu'on le trompe, qu'on le brutalise ou l'abuse, le punissant sans raison valable et lui faisant croire qu'il est mauvais. Tout cela met l'enfant dans un état de confusion et d'angoisse. La communion brisée, c'est l'angoisse, l'isolement, la peur ; c'est la perte de toute confiance en lui.

Ces souffrances sont amplifiées dans le cœur vulnérable de l'enfant par ses propres ambivalences et contradictions. L'enfant commence à en vouloir à ses parents. Des sentiments de haine peuvent naître à leur égard. Ces sentiments d'agressivité épouvantent l'enfant et lui confirment qu'il est mauvais. Il en a peur, il s'effraie de sa propre puissance de destruction, il découvre en lui un “monstre”. Comment, en effet, peut-il éprouver de la haine pour son papa ou sa maman qui sont pour lui source de vie, de nourriture et de protec-

Tous les sentiments
ténébreux
que l'enfant d'autrefois avait
encaissés ou oubliés sont
revécus dans la dépression,
sans que l'adulte
d'aujourd'hui puisse les
comprendre,
sans qu'il puisse en découvrir
la source ou l'origine cachée.

tion ? Comment peut-il aimer et haïr une même personne, désirer en même temps sa vie et sa mort, sa présence et son absence ?

Tout cela est trop lourd pour l'enfant. Ces sentiments contradictoires joints à l'angoisse et à la culpabilité sont insupportables. Il ne peut ni les comprendre, ni les conceptualiser, ni les verbaliser. Ces sentiments le mettent dans un état de confusion. Il lui faut les oublier, les étouffer, les cacher dans un monde inconscient, dresser un mur entre eux et sa conscience. L'enfant commence alors à se couper de ses émotions trop douloureuses. S'il en a la possibilité, il se jette dans des activités, des projets, des jeux, des distractions. Il recherche l'admiration de ses parents. Il s'attache à d'autres réalités pour oublier et pouvoir vivre. Mais ces sentiments étouffés, ces contradictions et ces souffrances demeurent au fond de son être, dans la mémoire de sa chair et de son cœur. Ils sont trop difficiles à regarder, à admettre ou à exprimer. Ils constituent un fond soigneusement caché de ténèbres, de culpabilité, de tristesse et de haine. Mais, secrètement, ces ténèbres gouvernent plus ou moins la vie et les attitudes de l'enfant et continueront à le faire durant toute sa vie. Elles déterminent en partie certains traits de son caractère et expliquent des peurs, des colères, une volonté de puissance et d'autres attitudes

... nous cherchons à fuir le mal et le chaos que nous portons en nous ...

irrationnelles. Elles ont leur part aussi dans un désir de lumière, d'idéal, de perfection ; car nous cherchons à fuir le mal et le chaos que nous portons en nous, sans en avoir conscience.

Il y a des situations limites d'abus, de violence et d'insécurité qui engendrent des souffrances insupportables chez l'enfant. Mais tout enfant, même avec des parents apparemment très aimants, vit des souffrances. C'est tellement facile de blesser un enfant! Les parents sont occupés ou préoccupés par ailleurs; ils ne peuvent pas être toujours à son écoute. L'enfant vit alors un sentiment de rejet, la communion est brisée. Il ne comprend pas la colère de ses parents, leur irritabilité ou leur indifférence. Des paroles ou des gestes apparemment anodins peuvent causer des blessures profondes dans le coeur de l'enfant. Un monde des ténèbres existe en chacun, d'une intensité plus ou moins grande selon la sensibilité de l'enfant et les événements qu'il a subis.

La dépression est le résultat de toutes ces tristesses cachées, de ces ténèbres, de ces sentiments de culpabilité qui ont été encaissés avec plus ou moins de force lorsqu'ils remontent à la surface de la conscience, envahissant tout l'être. Cette remontée se fait à l'occasion d'un événe-

La dépression n'est pas

une maladie honteuse

qu'il faut cacher

à soi-même et aux autres.

ment douloureux ou d'un deuil, à un moment où les barrières construites autour du cœur s'effondrent. Tous les sentiments ténébreux que l'enfant d'autrefois avait encaissés ou oubliés sont revécus dans la dépression, sans que l'adulte d'aujourd'hui puisse les comprendre, sans qu'il puisse en découvrir la source ou l'origine cachée. Cette impossibilité de comprendre aggrave la situation. La dépression devient alors une maladie que l'on croit honteuse : "Je suis fou. Il faut aller voir un psychiatre". La personne entretient une image encore plus blessée et honteuse d'elle-même ; elle se sent encore plus mauvaise; elle est une exclue, une anormale, un poids pour les autres.

La modification des sécrétions

Lorsqu'un enfant aime et est aimé, lorsqu'il rit de plaisir dans les bras de sa mère ou de son père, tout son corps s'épanouit et les sécrétions de ses glandes sont activées. Inversement, lorsqu' il vit des angoisses de rejet, des peurs et des cauchemars parfois horribles, d'autres sécrétions sont émises. Son corps se tend et se crispe, les énergies sont bloquées.

Notre corps est intimement lié à nos sentiments. La biologie et la psychologie, sous certains aspects, sont UN, car l'être

Les blessures du cœur sont des réalités de la vie qu'on ne peut empêcher.

humain est UN. Ainsi, certaines personnes ont elles une prédisposition biologique à la dépression héritée de leurs parents. D'autres, au contraire, ont une constitution plus solide qui semble mieux résister aux souffrances psychologiques. Nous sommes chacun très différents de par notre histoire, notre vécu familial, la constitution que nous avons reçue de nos parents.

Certains enfants vivent des réalités terribles et sont obligés de mettre de solides barrières à l'intérieur d'eux-mêmes pour se protéger. Cependant, ils ne sombrent pas dans la dépression car leur constitution génétique est solide. D'autres enfants semblent avoir vécu une vie familiale apparemment heureuse : “j'ai toujours été aimé de mes parents”. Il n'empêche qu'ils ont souffert de gestes maladroits, de manques d'attention ou de formes de rejet inconscient de leurs parents, de moments où leurs parents ont été incapables de les écouter et de leur donner de la tendresse. Ces enfants peuvent souffrir plus tard de dépression, s'ils y sont prédisposés biologiquement.

Les blessures du cœur sont des réalités de la vie qu'on ne peut empêcher. Chaque enfant encaisse des souffrances et les enfouit en lui-même, sans pouvoir les nommer. C'est ainsi que se forment l'inconscient et, en partie, la personnalité de chacun.

Tout être humain

est un mélange

de lumière et de ténèbres,

de confiance et de peur,

d'amour et de haine.

Certains, à l'âge adulte, idéalisent leurs parents, comme s'ils avaient absolument besoin que leurs parents aient été parfaits. Ils ont autant de mal à reconnaître les torts et les faiblesses de leurs parents que les leurs. Ils refusent de reconnaître que tout être humain est un mélange de lumière et de ténèbres, de confiance et de peur, d'amour et de haine. Pourtant, aucun de nous n'échappe à cette loi. Toute la croissance humaine, c'est d'apprendre à laisser la lumière pénétrer plus profondément dans les ténèbres ; c'est de permettre à la confiance et à l'amour de vaincre les peurs, les préjugés et les haines ; c'est de trouver la force intérieure de vivre et d'accepter notre histoire telle qu'elle est, avec ses blessures, sans s'échapper dans un monde d'illusions et de rêves. En chacun de nous, même si nous répugnons à le reconnaître, il y a un monde caché de ténèbres, de tristesse et de dépression prêt à surgir avec plus ou moins de force.

Guérir ou se relever ?

Ces idées noires, qui vont parfois jusqu'au goût de disparaître, de mourir, sont renforcées lorsqu'on se trouve en présence de personnes qui semblent avancer joyeusement sur les chemins de la vie.

Il ne faut pas devenir esclave

de ces sentiments

qui remontent

à la conscience...

Le mot "dépression" fait peur, on n'ose pas le prononcer.

Comment aider celui qui éprouve cette souffrance, de façon plus ou moins aiguë, à découvrir qu'il s'agit d'un phénomène naturel ou d'une crise nécessaire pour une libération plus profonde ?

La dépression n'est pas une maladie honteuse qu'il faut cacher à soi-même et aux autres. On a le droit d'en souffrir; cela fait partie de notre être et de notre histoire. Mais il ne s'agit pas de se laisser sombrer dans cette tristesse de mort. On peut réagir; on peut retrouver la vie. Il ne faut pas devenir esclave de ces sentiments qui remontent à la conscience, mais apprendre à les gérer pour peu à peu à s'en libérer.

La vie est une succession de crises et de remises en question. La femme en parle plus facilement que l'homme qui affirme souvent que : "Tout va bien", même quand certains signes montrent le contraire.

"*Que faire pour celui qui semble ainsi en crise ? Au début, il s'agit de le laisser tranquille, sans poser de questions. Mais le moment vient où il faut localiser le conflit avec plus de précision, cerner la cause de la dépression. Car les conflits non localisés, non communicables, prennent des*

Mettre des mots

sur sa souffrance

est déjà

une libération.

proportions démesurées et les dépressions qu'on n'arrive pas à extérioriser deviennent insupportables." (Lettre du Cardinal Danneels, Noël 1988, p.34)

Il est bon d'abord de reconnaître chez soi ou chez l'autre un état de souffrance et une incapacité à le formuler ou le partager.

On se sent inférieur, pauvre, brisé. On n'ose pas dire ce que l'on vit : "Personne ne peut me comprendre." On se sent coupable. On n'ose pas admettre sa faiblesse. Comme si l'on n'avait pas le droit de parler de ses blessures ! On a peur de n'être pas entendu ni même écouté : "Qui peut s'intéresser à ma souffrance?" On a peur d'être jugé et condamné , de faire peur , d'être vu comme "fou". Tous ces facteurs font qu'au lieu de s'ouvrir et de partager ses souffrances intérieures, on se referme sur soi, sur ses tristesses et ses blessures. On s'enferme dans une sorte de prison.

À un moment donné les blocages et les peurs deviennent tellement intolérables qu'on en parle à quelqu'un en qui on a confiance. Mettre des mots sur sa souffrance est déjà une libération. L'accueil de la souffrance avec respect et compassion est une reconnaissance de la personne et de sa valeur. Déjà quelques nuages de la dépression se dissipent. "Je n'ai pas une maladie honteuse."

...le deuil à la suite d'un échec

est un phénomène naturel.

Il y a parfois près de nous des personnes de confiance qui ont le temps et la disponibilité intérieure pour nous écouter ; elles ne jugent pas, ne dramatisent pas et ne prennent pas non plus les choses trop à la légère ; ce peut être un médecin de famille, un prêtre, un pasteur, une personne plus âgée à la retraite, un membre de notre famille. Ayant de l'expérience, elles peuvent nous aider, simplement en nous écoutant, en nous prenant la main, en nous faisant confiance, en nous donnant des conseils sages et pratiques, en nous faisant comprendre que le deuil à la suite d'un échec est un phénomène naturel. Mais beaucoup ne trouvent personne qui ait cette sagesse humaine et cette disponibilité pour être à l'écoute. En effet, trop de gens ont peur d'écouter une personne dépressive. Ils craignent de créer une relation de dépendance, ils n'ont pas le temps...

Il importe aussi de savoir si un soutien médical est nécessaire. En effet, il faut distinguer la tristesse profonde et le deuil qu'il est possible de dépasser avec un soutien léger et un certain combat intérieur de la dépression que l'on ne peut dépasser sans l'aide d'un psychiatre ou d'un psychologue. Il existe une forme de dépression-maladie qui devient progres-

Aujourd'hui, tu es en hiver ;

crois au printemps !

Demain les bourgeons

apparaîtront,

puis les fleurs et les fruits.

sivement fermeture totale : la personne est alors incapable de communiquer, elle est enfermée dans une prison terrible d'idées noires. Mise à part cette situation limite, il y a des conseils qui peuvent être donnés à chacun : “Ne te juge pas, ne te condamne pas à cause de ces sentiments de tristesse. C'est le lot de tout être humain. Nous allons tâcher ensemble d'y mettre un peu de lumière, d'en découvrir la source et de voir comment gérer ces sentiments”. Un vrai ami, un bon conseiller, sait aussi respecter la dépression. C'est un phénomène naturel qui a son rythme propre. Il n'est pas sage d'essayer de faire sortir trop vite la personne de cet état de paralysie. Elle a besoin de sentir qu'on l'aime telle qu'elle est, et pas seulement à condition qu'elle devienne plus vivante. Se relever prend du temps.

Les hivers de la vie préparent des printemps

Nous sommes tous impatients. Nous voulons tout et tout de suite. Nous voulons la joie, l'épanouissement, la vie. Ces désirs sont tellement normaux ! Mais il faut apprendre à respecter le rythme de notre être.

" Ma bien-aimée, ma belle, viens. Car voilà l'hiver passé, c'en est fini des pluies ; elles ont disparu. Sur notre terre, les fleurs se montrent, la saison vient des gais refrains, le roucoulement de la tourterelle se fait entendre sur notre terre".

(Cantique des cantiques 2, 10)

Regardez les plantes et les animaux, regardez les légumes et les arbres fruitiers. Tout prend du temps pour pousser et porter du fruit. Il y a des étés où mûrissent de belles récoltes, des automnes de pluies et de feuilles mortes, des hivers gris et froids où la vie semble arrêtée ; puis il y a des printemps où la vie renaît. Dans la Bible on lit : “*Ma bien-aimée, ma belle, viens. Car voilà l'hiver passé, c'en est fini des pluies ; elles ont disparu. Sur notre terre, les fleurs se montrent, la saison vient des gais refrains, le roucoulement de la tourterelle se fait entendre sur notre terre*”.

(Cantique des cantiques 2, 10)

La vie humaine est ainsi faite. Nous sommes tous comme un arbre fruitier. Nous avons été plantés dans la terre maternelle et nous avons grandi. Nous sommes nés, nous avons poussé dans la terre, parfois un peu rude, de nos familles. Dans notre vie, les différentes saisons se succèdent.

Les arbres et arbustes sont beaux. La nature est belle. Notre univers est beau. Dans la Bible, nous lisons que Dieu regarda cet univers, avec le soleil, la lune, la pluie, avec l'air, la terre, la mer, avec les plantes, les fleurs, les arbres, avec les poissons, les insectes et les animaux et toutes sortes d'oiseaux. Et II vit que cela était beau. Et au cœur de l'univers, il y a l'homme et la fem-

Il y a des moments

de deuil et d'échecs

qui sont autant

de tailles rudes et

douloureuses

pour qu'il y ait

davantage de vie.

me ; ils sont très beaux. L'homme et la femme commencent leur voyage dans la vie comme une petite semence qui pousse, grandit, donne du fruit, puis, vieillit et disparaît. C'est le cycle de la vie.

Oui, chacun de nous, avec son corps, son cœur, son esprit, est beau. Chacun de nous, nous avons notre cycle de croissance qui implique des hauts et des bas, des étés et des hivers, des bons temps et des mauvais moments ; les échecs, les temps de sécheresse font partie de la vie. Ce ne sont que des passages, un renouveau est toujours possible.

Il y a aussi parfois des coupures plus radicales, violentes. La mort semble proche. Quand on a été blessé, on se ferme sur soi-même. C'est l'hiver. La terre devient dure. Et parfois l'hiver dure longtemps.

Comme la vigne doit être taillée pour porter encore plus de fruits, de même chacun de nous doit être taillé. Il y a des moments de deuil et d'échecs qui sont autant de tailles rudes et douloureuses pour qu'il y ait davantage de vie. Mais, quand l'hiver est là et qu'il fait très froid, quand la vigne est taillée, dépouillée de tous ses sarments, on a du mal à croire que le printemps va revenir et que la vie endormie va bientôt resurgir.

Regarde le soleil qui brille,

les oiseaux qui chantent,

les étoiles de la nuit.

Toi aussi, tu fais partie

de cet univers.

Tu fais partie d'un bel univers

Tu n'es pas tout seul. Tu fais partie de ce bel univers où chaque élément a sa place ; chacun est important. Ce monde vit depuis des millions d'années. Le soleil se lève chaque matin et se couche chaque soir. Les étoiles brillent bien au delà des nuages et des tempêtes. Elles sont si belles et si merveilleusement ordonnées ! Tu fais partie de cet univers immense et merveilleux. Tu es un homme, une femme en chemin. Certes, aujourd'hui tu te sens enfermé dans le découragement, envahi par la tristesse et des sentiments de mort. C'est l'hiver. Prépare-toi pour le printemps ! Une des différences entre les êtres humains et les animaux, c'est que les animaux sont adaptés à leur environnement. Nous, nous pouvons l'accueillir ou le refuser, à la suite des rejets, des blessures intérieures ou des échecs qui nous ont été imposés par la vie. Nous pouvons nous ouvrir ou nous fermer, dire "oui" à la vie, et essayer de conduire notre barque, ou dire "non, c'est trop dur"! Nous pouvons même chercher à détruire la vie.

Ce "oui" à la vie peut être, au début, un "oui" passif, fait de lassitude et de regrets,

Les étoiles brillent

bien au delà des nuages

et des tempêtes.

mais petit à petit il peut devenir un "oui" d'accueil, d'acceptation, un "oui" de joie. Le "oui" à la vie qui jaillit du plus profond en nous, n'est pas un "oui" naïf et idéaliste ; ce n'est pas le oui à un rêve ou à une illusion. C'est un "oui" à notre être profond, un "oui" à notre passé, à notre corps, à notre famille d'origine, un "oui" à nos tempêtes, nos hivers, nos souffrances, mais aussi à la beauté, à la clarté ensoleillée, à l'air frais, à l'eau qui coule, au regard des enfants, au chants des oiseaux. C'est le "oui" à notre destinée et à notre croissance. C'est le "oui" à notre propre beauté, même si, à certains moments, nous ne la voyons plus. Mais c'est une lutte de faire ce passage vers le "oui" total. Aujourd'hui, tu es en hiver ; crois au printemps ! Demain les bourgeons apparaîtront, puis les fleurs et les fruits. Tu passes un mauvais moment. Ne dramatise pas les choses. Sois l'ami du temps. Regarde le soleil qui brille, les oiseaux qui chantent, les étoiles de la nuit. Toi aussi, tu fais partie de cet univers ; tu es en croissance, tu es appelé à porter du fruit. Attends avec patience. Croître prend du temps. Ne sais-tu pas que, dans la nature, il n'y a pas de déchets ? Il n'y a que nous, êtres humains, qui produisons et rejetons des déchets sans les utiliser ou les recycler. Il n'en va pas ainsi dans la nature. Les feuilles pourrissent et donnent le fumier nécessaire

Pour ouvrir une porte,
il faut une clé.

Une «clé» est alors nécessaire pour ouvrir la porte de la vie, la porte de la libération.

à la vie qui va apparaître. Même la mort donne vie. Et en réalité, nous faisons partie de cette nature où il n'y a pas de déchets, mais seulement le cycle de la mort qui se transforme en vie.

La personne secrète et profonde en chacun de nous

Nous autres, hommes et femmes de la terre, sommes admirablement bien faits. Il y a en nous une partie très secrète ; c'est notre cœur profond fait pour la communion, la fécondité et la joie. Mais il est souvent caché derrière une partie plus superficielle, faite de sentiments et d'imagination, de colère et de haine, parfois de désirs de mort. Il arrive que la partie profonde soit cachée derrière une porte soigneusement fermée et que nous n'ayons plus confiance en nous.

Pour ouvrir une porte, il faut une clé. Pour ouvrir la porte du cœur et découvrir le sens et le rythme de la vie, il faut une clé. Nous pouvons nous laisser enfermer dans une prison de tristesse et refuser la vie. Une clé est alors nécessaire pour ouvrir la porte de la vie, la porte de la libération.

Ne te laisse pas envahir
par ces sentiments de
tristesse.

Aie confiance
en la vie cachée en toi.

Derrière les nuages noirs,
le soleil brille.

Il y a une clé. Cette clé, c'est de croire que, plus profondément que ces sentiments de tristesse et de mort, il y a notre personne profonde, et que cette personne profonde est unique et importante. Elle a une destinée. Elle est appelée à croître, à vivre et à s'épanouir.

Ne te laisse pas envahir par ces sentiments de tristesse. Aie confiance en la vie cachée en toi. Derrière les nuages noirs, le soleil brille. La clé est ce "oui" à ta personne profonde et secrète, cachée derrière les nuages de la tristesse.

La personne avec laquelle tu arrives à parler va t'aider par son écoute pleine de tendresse et d'attention, à découvrir cette personne secrète et profonde en toi, elle va t'aider à l'aimer et l'apprécier.

Au lieu de dire ; "Je ne suis bon à rien, je suis incapable, je veux disparaître et mourir", tu vas apprendre peu à peu à dire : "J'ai en moi des sentiments de tristesse et de mort qui viennent de je ne sais où". Tu vas découvrir ainsi deux parties en toi : cette partie secrète et cachée, la source de ton être et de ta vie et cette autre partie, blessée, qui envoie à ta conscience des messages de tristesse, de mort et de révolte.

Et pourtant ! Si tu allumes une allumette ou une petite bougie dans une chambre noire, tout en est éclairé.

Lutter contre ces puissances de mort

Tu vas découvrir en toi une lutte ou une guerre entre ces deux parties, comme si, parfois, ton cœur était un champ de bataille ! La partie secrète et lumineuse paraît si petite et si faible face à la partie de découragement et de mort qui semble énorme, écrasante. Et pourtant ! Si tu allumes une allumette ou une petite bougie dans une chambre noire, tout en est éclairé. Il s'agit de croire à cette petite lumière qui chasse les ténèbres. La partie la plus profonde en chacun de nous est comme cette lumière qui peut chasser les ténèbres.

Cela ne veut pas dire que les ténèbres ne soient pas épaisses ; elles le sont. Cela ne veut pas dire qu'il soit facile d'allumer la bougie. C'est parfois difficile. Mais il y a une espérance : la vie est plus forte que la mort, la lumière plus forte que les ténèbres, l'amour plus fort que la haine.

Dans la mesure où tu ne t'identifies plus à la dépression, où tu distingues ta personne profonde de ces sentiments de tristesse et de culpabilité qui surgissent de tu ne sais où, tu possèdes la clé de la guérison et de la résurrection.

La vie est plus forte

que la mort,

la lumière plus forte

que les ténèbres,

l'amour plus fort

que la haine.

Il va y avoir des luttes, parfois terribles : d'un côté, il y a ta personne profonde, cachée, assoiffée de reconnaissance, de communion et de liberté intérieure. De l'autre, il y a ces puissances de tristesse, de destruction et de mort qui t'envahissent, te jugent et te condamnent, prétendant que tu n'es bon à rien, que tu dois disparaître.

Si tu choisis la vie, tu vas devoir lutter contre ces puissances de ténèbres. Cette lutte sera aussi rude que le combat pour se libérer de l'emprise de l'alcool ou de la drogue. Mais chaque fois que tu choisis la vie, chaque fois que tu choisis de faire confiance à ta personne profonde, les ténèbres reculent.

Il ne faut pas te laisser dominer et abattre par les sentiments de tristesse et de mort, par cette image négative de toi. Il faut réagir. Ne prends pas un visage et des vêtements de deuil. Habille-toi de vêtements clairs, parfume-toi, prends soin de ton corps, fais tout ce que tu peux pour réagir contre ces forces de ténèbres. C'est une lutte qui n'est pas facile mais qui vaut la peine. Elle conduit à la libération et à la vie.

Dans cette lutte, tu seras aidé et soutenu par l'ami avec qui tu partages et par des temps de repos et de détente.

Mais à un moment donné,

il faut avoir le courage

de s'arrêter.

Savoir se reposer

Il y a un vrai danger, lorsque l'on sent ces puissances de tristesse et de vide intérieur, c'est de se jeter dans une activité fébrile, toutes sortes de projets ou n'importe quelle distraction. On veut oublier en faisant des choses ou en se remplissant de n'importe quoi. Car dés qu'on s'arrête, l'inquiétude, l'angoisse et la culpabilité remontent à la surface de la conscience. Il faut cependant reconnaître que beaucoup tiennent comme cela. Ils ne peuvent pas s'arrêter, à cause peut-être de leurs enfants ou parce que cela leur paraît trop dangereux.

Mais à un moment donné, il faut avoir le courage de s'arrêter. Alors, les sentiments de ténèbres remontent à la surface, le vide intérieur apparaît. On essaie de retrouver le calme d'une façon nouvelle, de trouver le calme par des petits moyens qui apaisent : faire des choses concrètes, préparer des repas, se promener, écouter de la musique douce, entrer dans une église et prier en silence, s'adonner à une activité qui soit source de joie, parler avec un ami, jouer avec un bébé ; de petites choses qui donnent un peu de paix et de tranquillité intérieure.

Tu vas apprendre peu à peu

à distinguer

les chemins de paix

et de lumière,

des chemins de mort.

Dans nos fragilités, on découvre qu'on peut vivre aussi des moments de paix.

Il faut savoir goûter ces moments : respirer tranquillement, laisser la chaleur du soleil pénétrer notre corps, un goût de joie monter dans notre cœur, vivre des instants de bien-être.

Le soir, avant de te coucher, si tu peux, prends un bain chaud. Repose-toi, détends-toi dans ce bain.

Tu vas apprendre peu à peu à distinguer les chemins de paix et de lumière, des chemins de mort. Si tu veux vivre dans la lumière et la paix, il y a certaines choses, certaines personnes à éviter, peut-être des amis ou des voisins qui, par leurs peurs, leurs difficultés, leur angoisse ou leurs préjugés, mettent en toi le trouble, comme certaines émissions de télévision ou certaines revues. Tu vas découvrir que ton psychisme, comme ton corps, a besoin de certaines nourritures ; que d'autres nourritures sont comme un poison : elles te font du mal. C'est exactement comme les personnes qui savent, que si elles mangent trop de chocolat, elles vont avoir une crise de foie !

Tu découvres alors combien ta vie, ton corps, ton psychisme sont des réalités

Savoir vivre,

c'est savoir faire des choix,

opter pour ce qui t'aide

à vivre dans la paix

et la communion,

écarter ce qui te trouble

et t'agite.

fragiles et délicates. Tu ne peux pas en faire ce que tu veux. Il faut te ménager, prendre soin de toi, veiller à ces moments de détente, de rencontre, de paix et de prière qui t'aident à demeurer dans la lumière.

Bien sûr, il y a un équilibre à trouver. Il ne faut pas devenir vieux avant l'âge ! Il ne faut pas s'inquiéter sans cesse de sa santé quand on est encore jeune. Savoir vivre, c'est trouver cet équilibre. C'est savoir faire des choix, opter pour ce qui t'aide à vivre dans la paix et la communion, écarter ce qui te trouble et t'agite. Voilà la meilleure façon de lutter contre les puissances de mort. Mais, parfois, la lutte est rude. Il faut dire “Non” à la mort et répéter “oui” à la vie. C'est un acte de foi !

Tout cela peut paraître idéaliste. Tu as des enfants qu'il faut nourrir et aller chercher à l'école, un mari un peu difficile, un travail ardu. C'est vrai. Chacun de nous a des responsabilités, des choses à faire. Nous ne pouvons pas nous mettre en vacances. Et cependant, la libération ne peut se faire que si le corps prend du repos. Si nos corps et nos psychismes sont tendus et stressés, le vrai travail de libération ne pourra pas se faire. Chacun doit apprendre à lâcher certaines activités, à ne pas être hyper-actif, toujours en train de “faire” des

Mais, parfois, la lutte est rude.

Il faut dire "Non" à la mort

et répéter "oui" à la vie.

C'est un acte de foi !

choses. Chacun doit apprendre à s'arrêter pour être, pour regarder les autres et le monde, pour accueillir la paix.

Pour s'arrêter ainsi, il faut être aidé. Un médecin pourra te donner un arrêt de travail, ou bien ton mari, ta femme ou un ami, découvrant que ta fatigue et ton stress sont grands, t'aideront à prendre les moyens de te reposer.

Quand faut-il descendre dans les ténèbres ?

Puis viendra le moment où, avec un psychologue compétent, il faudra regarder de plus près ces puissances de ténèbres cachées en nous. Non plus les fuir, mais essayer de découvrir leur origine et pourquoi elles nous envahissent ainsi. C'est tellement mieux d'affronter les vraies questions que de nous laisser envahir par des sentiments vagues que nous ne comprenons pas et qui dirigent un monde imaginaire qui nous fait peur.

Dans cette descente dans ces ténèbres, il faut être bien accompagné. Sans cet accompagnement, nous ne pourrons jamais les regarder, ni les supporter. Elles sont trop

N'ayant jamais été exprimés,

ces sentiments douloureux

sont restés cachés

dans la mémoire de notre chair

et de notre corps.

terribles ! Mais avec de l'aide, à travers des dessins, des rêves, des associations d'idées et d'images qui sont autant de chemins différents pour rejoindre ce monde caché à la conscience, nous allons pouvoir les mettre en lumière, entamer un dialogue avec elles. Si nous fuyons nos monstres intérieurs, ils grandissent et prennent des proportions démesurées. Mais si nous nous arrêtons pour les reconnaître, les affronter, ils diminuent et reprennent leurs justes proportions. Nous ne nous laissons plus gouverner par eux.

Ainsi, les peurs et les angoisses de notre enfance commencent à remonter à la surface : celles que nous avons éprouvées quand nous avons été maltraités, abusés ou rejetés injustement, quand nous avons vécu des conflits insupportables autour de nous, et que nous avons cru en être la cause. Ces sentiments terribles de mort, ces haines de nous-même et de nos parents, nous n'avions pu les dire à cause de notre petitesse. Nous les avions gardés au fond de notre cœur. N'ayant jamais été exprimés, ces sentiments douloureux sont restés cachés dans la mémoire de notre chair et de notre corps. Ils ont rongé nos cœurs, distillant une sorte de poison dans tout notre être, nous condamnant, nous culpabilisant. Pour pouvoir vivre, il fallait les oublier et les cacher derrière des murs solides.

Plus on découvre la lumière

à l'intérieur de soi,

plus on trouve le courage

de tout accueillir,

de reconnaître ses torts

et ses responsabilités...

En formulant ces événements et ces sentiments passés, on va découvrir qu'on n'était pas coupable de tout ce mal. On va pouvoir objectiver les choses et les situations, les mettre dans leurs vraies perspectives. En regardant ainsi les choses en vérité, on les démystifie. On se libère des monstres et des démons qui exerçaient un pouvoir sur nous en nous écrasant sous un sentiment de mort et de culpabilité. Les murs construits autour de ce monde de ténèbres commencent à s'ébranler. Avec les angoisses qui montent, c'est aussi la liberté qui commence à naître. Nous découvrons notre personne profonde, petite et innocente ; nous découvrons la vie.

Si nous sommes bien aidés, nous allons découvrir en même temps que si nos parents ont agi avec des manques d'amour et de délicatesse, parfois même avec cruauté, c'est qu'eux-mêmes avaient été blessés par leurs propres parents. Ils font partie de cette chaîne qui se transmet de génération en génération.

L'enfant est blessé, culpabilisé, lui, l'innocent, qui ne peut se défendre ni comprendre ; en devenant adulte à son tour, il peut se libérer de ce fardeau de culpabilité sur un autre, plus faible, plus petit. Ainsi de génération en génération...

" Tu es unique à mes yeux

et je t'aime "

Quand on commence à découvrir que si nos parents nous ont fait du mal ou nous ont blessés durant notre petite enfance, c'est qu'eux-mêmes avaient été blessés ou maltraités durant leur enfance, on commence alors à les comprendre et à découvrir qu'il est possible de leur pardonner. On accueille le passé ; il n'a plus de pouvoir sur nous.

Et puis, on commence à comprendre que nous-mêmes, nous ne sommes pas parfaits et ne le serons jamais. Nous aussi nous avons fait le mal, nous avons blessé nos parents, nos enfants, notre mari, notre femme, nos amis. En découvrant cela, il ne s'agit pas de nous condamner, mais plutôt d'accepter notre pauvreté, de retrouver le dialogue avec l'autre dans l'humilité. Il s'agit, si nécessaire, de demander pardon. Plus on découvre la lumière à l'intérieur de soi, plus on trouve le courage de tout accueillir, de reconnaître ses torts et ses responsabilités et d'avancer paisiblement vers l'avenir, cherchant en toutes choses la vérité ; la vérité qui rend libre.

En s'ouvrant ainsi à la vérité et à la lumière, nous découvrons peu à peu le mystère caché de notre être, ce mystère qu'il nous arrive de fuir. Si nous cherchons en toutes choses la lumière et l'amour, la

Nos blessures

sont un appel pressant

à vivre la communion

avec Dieu

et avec les autres.

compréhension et la communion, nous ne nous condamnerons pas ; nous serons des êtres libres. La dépression n'aura plus de pouvoir sur nous. Nous pourrons alors prendre notre place dans l'univers. Et peut-être pressentirons-nous le cœur de Celui qui est à l'origine de la beauté de cet univers comme de la beauté cachée en nous. Dans le silence et la paix, il nous dit : “tu es unique à mes yeux et je t'aime.” Il nous introduit dans la communion avec lui, c'est-à-dire dans la prière. Cette communion est pardon et vie.

Évidemment cela ne résout pas toutes nos questions. Il reste en nous des blessures. Mais ces blessures ne sont pas une punition révélant notre culpabilité, nos fautes, le mal en nous. Elles sont le résultat d'autres blessures, elles-mêmes engendrées par d'autres blessures. Et ces blessures, nous pouvons les gérer et les utiliser pour vivre dans la vérité. Nous n'avons ni à les cacher, ni à les étaler, mais à découvrir qu'elles nous aident à vivre dans l'humilité et la vérité, que Dieu se manifeste et se donne à nous à travers elles. Nos blessures sont un appel pressant à vivre la communion avec Dieu et avec les autres.

Ce temps de dépression est douloureux, mais, en même temps, c'est une crise qui peut apporter une grande libération, si nous découvrons comment la vivre et comment cheminer vers la guérison.

La dépression : une crise qui peut devenir source de libération

Ce temps de dépression est douloureux, mais, en même temps, c'est une crise qui peut apporter une grande libération, si nous découvrons comment la vivre et comment cheminer vers la guérison.

La dépression, telle que nous l'avons décrite, est la remontée à la conscience de souffrances cachées, qui ont leur origine dans la petite enfance. Ces souffrances cachées gouvernent, de fait, beaucoup de nos attitudes, même si nous n'en sommes pas conscients. Elles nous empêchent d'être libres. Elles sont comme un poids sur notre coeur, une infection dans notre sang. Puis un jour, ces souffrances deviennent conscientes, terriblement conscientes. C'est comme si l'infection se transformait en abcès. On peut alors reconnaître le mal, en découvrir la source et s'en libérer.

C'est pour cela que la dépression en devenant plus manifeste peut nous conduire à une véritable libération du cœur. Cette dépression nous oblige à nous arrêter, à regarder les choses et les événements essentiels de notre vie et de la vie. Elle nous fait toucher notre soif mais

L'univers n'est pas fait uniquement de beaux arbres ;
il y a des arbres plus chétifs.
Mais chaque arbre est important.

aussi notre peur de la communion. Elle nous fait entrevoir, au-delà des rapports humains, la possibilité de boire à la source de l'univers et de la vie.

D'autres éléments qu'il faut considérer sur le chemin de la libération

Pour certaines personnes la descente dans les ténèbres est tellement souffrante qu'il leur faut l'aide de médicaments. L'angoisse est trop grande ; des médicaments peuvent non seulement calmer les angoisses et permettre de vivre le quotidien, mais ils restituent à l'organisme des substances qui ont été «mangées» par la dépression. Quand on est en train de vivre une dépression, il y a une fatigue, un essoufflement total ; on manque d'énergie ; on ne peut plus sortir du lit.

Cette fatigue vient de la dépression, mais un bon médecin regardera aussi le corps, la biologie pour voir s'il y a une anémie ou un manque d'autres substances. Il faudrait peut-être des reconstituants. Parfois il faut aussi voir un diététicien qui aide à trouver la nourriture adéquate La nourriture et les reconstituants adéquats peuvent fournir l'énergie nécessaire pour affronter la dépression, sans se laisser envahir par elle et se libérer du pouvoir des ténèbres à l'intérieur de soi.

Pour sortir de la dépression

qui est une forme
d'enfermement,

il faut non seulement le désir
d'en sortir,

une bonne thérapie,

mais aussi un réseau d'amis
qui nous acceptent

tels que nous sommes.

Chacun de nous est corps et esprit. Chacun a une histoire physique et psychologique. Nous sommes un. Mais nous risquons de nous diviser ou de permettre à des divisions de s'installer en nous. Ce ne sont pas seulement les souffrances du passé qui nous empêchent de vivre et nous enferment dans la tristesse, ce sont aussi ces refus de la réalité, de vivre dans la vérité et de prendre en main notre vie d'aujourd'hui. Nous ne pouvons pas être des vivants si nous refusons la vie, la réalité, les autres, si nous vivons dans le mensonge ou l'illusion ; ceux qui vivent dans la corruption, qui détruisent des vies par la vente de drogue ou d'autres manières, qui en oppriment d'autres, qui abusent des enfants, ne peuvent être heureux. Ils s'enferment en eux-mêmes, dans leur besoin de pouvoir et de plaisir. Refusant de regarder les autres comme des personnes humaines, ils refusent de se considérer eux-mêmes comme des êtres humains. Refusant la vie à d'autres, ils refusent leur propre vie. Se libérer de la dépression par une thérapie, pour s'enfermer dans une prison d'égoïsme est une autre forme de mort. Si on veut se libérer des conséquences de l'oppression de notre enfance, ce n'est pas pour opprimer d'autres ! On lutte contre la dépression pour vivre et pour être capable de donner la vie aux autres. Et on vit quand on trouve une raison de vivre.

Ne plus vivre
dans les rêves ou les illusions,
dans la colère ou la tristesse.

Ne plus rien avoir à prouver,
ne plus avoir besoin de fuir;
avoir le droit d'être soi-même.

C'est alors qu'on se découvre
aimés de Dieu,
précieux à ses yeux.

Pour sortir de la dépression

Pour sortir de la dépression qui est une forme d'enfermement, il faut non seulement le désir d'en sortir, une bonne thérapie, mais aussi un réseau d'amis qui nous acceptent tels que nous sommes. Ce sont eux qui nous soutiennent, nous aident durant les moments difficiles car la dépression nous fragilise. Un échec, un rejet, un événement traumatisant, peuvent raviver cette fragilité. Les amis nous aident alors à porter notre souffrance.

Pour certaines personnes, si la thérapie peut les aider, de profondes fragilités demeurent. Il faut maintenir les antidépressifs. La personne peut même avoir besoin d'être hospitalisée de nouveau. C'est très douloureux. La présence d'amis aide énormément mais n'est pas suffisante pour éviter des rechutes. Souvent la personne vit dans une certaine anxiété, attendant toujours avec appréhension les signes de la rechute.

C'est parfois très long pour qu'une personne arrive à accepter le cycle de la fragilité et de la dépression. Cela prend du temps d'accepter la réalité. Mais quand enfin la personne arrive à le faire, c'est

La beauté humaine
c'est de s'accepter enfin
tel qu'on est.

étonnant. Elle peut alors découvrir sa mission dans la vie. Souvent le plus grand soutien des personnes hospitalisées vient d'autres personnes malades. Leur amitié, leur attention pleine de délicatesse est un facteur important dans leur guérison. N'est-ce pas des personnes fragilisées par l'alcool qui soutiennent le mieux d'autres en difficulté avec l'alcool? C'est toute la vision du mouvement des "A.A." (les Alcooliques Anonyme). Chacun doit découvrir son handicap ou sa fragilité. Il lui faut alors gérer cet handicap avec sagesse, en découvrant une raison d'être. Ceux qui ont des handicaps sont ceux qui comprennent le mieux la souffrance d'autres personnes marginalisées.

L'univers n'est pas fait uniquement de beaux arbres ; il y a des arbres plus chétifs. Mais chaque arbre est important. La télévision montre des vedettes, des hommes ou des femmes très beaux dans leur corps et leurs vêtements. Mais cela n'est pas la réalité. Nous sommes tous très différents; nous avons tous nos beautés et nos fragilités. Pour certains ces fragilités sont d'ordre physique ; ils sont obligés de faire attention à leur santé, à ce qu'ils mangent. D'autres ont été fragilisés par la vie : deuils, échecs, accidents. D'autres portent les blessures d'abandon ou d'abus quand ils

... on est appelé
à aimer et à s'aimer,
chacun là où on est,
comme on est,
avec ses fragilités,
ses handicaps.

On est appelé
à accueillir et aimer et à
communiquer ainsi la vie.

étaient enfants. D'autres encore vivent dans la pauvreté économique, dans des bidonvilles ou dans le quart monde ou ont subi les effets de la guerre; ils sont réfugiés. Chaque personne a sa beauté et porte sa souffrance.

La beauté humaine c'est de s'accepter enfin tel qu'on est. Ne plus vivre dans les rêves ou les illusions, dans la colère ou la tristesse. Ne plus rien avoir à prouver, ne plus avoir besoin de fuir; avoir le droit d'être soi-même. C'est alors qu'on se découvre aimés de Dieu, précieux à ses yeux. Peut-être n'est-on pas appelés à faire de grandes choses de sa vie, à briller comme un soleil, mais on est appelés à aimer et à s'aimer, chacun là où on est, comme on est, avec ses fragilités, ses handicaps. On est appelé à accueillir et aimer et à communiquer ainsi la vie.

Le Livre Ouvert

Les éditions du Livre Ouvert ont été créées en 1987 par Véronique et Michel de Williencourt, parents de cinq enfants, en collaboration avec les moines bénédictins du monastère Notre-Dame de la Sainte-Espérance de Mesnil Saint-Loup (Aube).

Achevé d'imprimer en mai 2005 sur les presses de la SEPEC
Rue de Prony - ZAC des Bruyères - 01960 PERONNAS
Tél : (33) 04 37 62 11 06
Dépôt légal 2ème trimestre 2005 - Imprimé en France